GW01605454

Maquette : David Alazraki

18 rue Barbès, 92120 Montrouge
ISBN : 978-2-7470-4960-3
Dépôt légal : février 2014
Loi 49-956 du 16 juillet 1949 sur les publications
destinées à la jeunesse

Imprimé en Italie

www.bd-kids.com

Paul Martin

Nicolas Hubesch

Kiki et Aliène

Touristes venus d'ailleurs

BD KIDS

Discrétion totale

Voici la Terre, KiKi !
Oui. Et j'ai eu une idée géniale pour visiter cette planète sans nous faire remarquer par les humains !

Alière, nous allons nous déguiser !
En humains ? Tu as vu nos têtes ?

Non, en animaux... J'ai fabriqué ces superbes tenues.
Les Terriens vont trouver ça bizarre...

Pas du tout ! J'ai choisi une espèce à laquelle ils sont habitués. Ils en croisent des milliers chaque jour...
Allez, enfile ton costume !

Admettons... Et ça s'appelle comment ?
Des acariens !!
meuuuuuuhh

Bien joué !

Regarde, Aliène ! Un terrain de basket !

Un terrain de quoi ?

De " basket-ball ". C'est un sport trés populaire chez les humains !

D'après le guide, ça se joue sur un terrain avec deux paniers, et avec un " ballon ".
Ce machin ?

Oui ! On fait une partie dis ! Oh, s'il te plaît !
Bof... pourquoi pas !

Quel sport amusant, hein, Aliène ?
Mouais...
Poc !

Les amis des bêtes

Tu vois, Aliène : des traces de sabots, de l'herbe broutée ... Nous sommes sur la piste d'un des animaux terriens les plus fascinants ...

La vache !

Les humains se régalent avec le liquide blanc qui sort de ses pis : le lait.
Beurk ! Répugnant.

Regarde ! En voilà une ! Vite, allons la traire !
PFF !

Tu es sûr qu'on ne risque rien ?

Penses-tu ! Ils précisent bien que c'est un animal très paisible !

Chaud devant !

Joyeux anniversaire, Aliène !
?

Qu'est-ce que c'est que ce machin en feu ? Tu veux faire exploser la soucoupe ?
Mais...

C'est une tradition terrienne. Tu dois souffler toutes les bougies.
Tu es fou ? C'est super dangereux !

Allez ! Essaye !
Si tu insistes !

AAAAAa

FROUUSSHH !

Dis donc, tu n'aurais pas une haleine un peu inflammable ?
Je t'avais prévenu !

En voiture !

"Les Terriens...
BAM
GUIDE GALACTIQUE
LA TERRE

... ont un moyen de transport nommé "train"...
BAM

... Ils apprécient sa vitesse, sa ponc... tualité...
BAM
BOM

... et surtout son confort !"
BAM
SPAF

"Confort" ? Tu es sûr qu'ils ont écrit confort, Kiki ?
BAM !
BAM !
BONG

L'oeuf surprise

Alièné ! J'ai trouvé un oeuf !
Passe !

À la coque ou au plat ?

Ça va pas ? Tu sais qu'il y a une petite bête, là-dedans !
!!
ZOUF !

Je vais le couver, et...
Pas la peine, Kiki. Il se fendille déjà...
CRR CRR

Ooh !
Ooh !
COIN COIN

Rôti, ou à la casserole ?
COIN !

Coin coin !

Bon. Comment va-t-on appeler notre caneton ?
Coco ?
Zouzou ?
Doudou ?
L'APPELER ?
Coin.

Je ne vois pas l'intérêt de donner un nom à cet animal.
Mais si...

Il reconnaîtra son nom. On lui apprendra des tours.
Plouf ?
Riton ?
Gudule ?
Des tours ?

Dis-moi quel tour ce stupide volatile pourrait...

AAH !
COIN !

Requin ?
Prédator ?
T-Rex ?
Attila ?

L'appel du coeur

Oh! Aliène! Regarde! Comme c'est mignon!
Quoi?
Coin Coin!

Attila, notre petit canard. Il me reconnaît, maintenant. Il vient vers moi...
PFF

Je suis sûr qu'il me prend pour sa maman!
N'importe quoi.

Regarde : c'est vers moi qu'il se dirige. Il a vu que c'est moi le chef, ici...
Coin!

EEh! Où vas-tu?
COIN! COIN! COIN!

LE POT DE MAYONNAISE?
Stupide canard!
MAYO

Allô, la Terre ?

Aliène ! Viens voir ! J'ai récupéré un portable.
Ah ?

Les Terriens adorent ce petit jouet.
C'est moche.

Ils exercent la dextérité de leurs mains en appuyant sur les petites touches.

Idiot.
Tic
Tic
Tic
Tic
Tic

Et s'ils sont assez adroits, le portable les récompense en faisant une jolie musique !
HUEEK !
ti da
ta di
ti
di da

Et tu prétends qu'ils aiment ces machines stupides ? Allons, Kiki...
Mais je t'assure...

J'en ai même vu qui leur parlaient comme ça !
AH ! AH ! AH !

Chasseurs de prime

Allô ? Professeur Fortish, de la NASA ?
Oui, c'est moi.

C'est bien vous qui offrez 100 000 dollars de récompense pour des photos d'extra-terrestres ?
En effet...

Nous vous avons envoyé une série de photos par la poste... Les avez-vous reçues ?
Ah ! C'est vous !

J'ai reçu vos photos ce matin... Malheureusement il n'y a rien qui puisse justifier cette récompense...

La tour Eiffel, des chatons, un autobus... Vous avez dû faire une erreur.
Mais pas du tout !

Je vous jure que ce sont bien des photos d'extra-terrestres ! Nous les avons vraiment prises nous-mêmes.
Inutile d'insister !
CLIC
?

La grande course

Kiki ! C'est épouvantable !
Quoi ?

On n'a plus de sel !
?

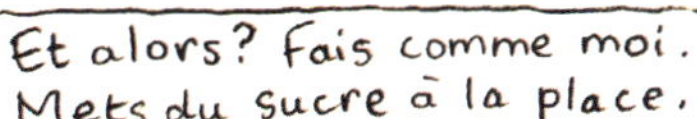

Et alors ? Fais comme moi. Mets du sucre à la place.

Tu ne comprends rien.

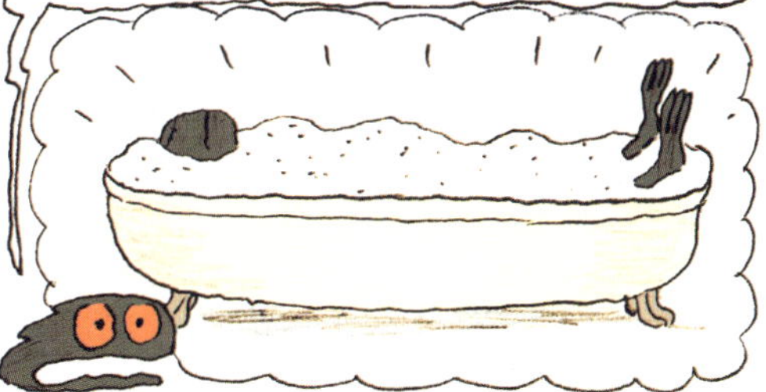

J'ai absolument besoin de prendre un BAIN DE SEL tous les 28 ans ! C'est INDISPENSABLE à mon organisme !

Décolle ! Il faut qu'on trouve une mine de sel au plus vite !
Du calme, Aliène.
COIN

Nous allons faire comme tous les Terriens : un sport d'équipe nommé LA COURSE au SUPERMARCHÉ !
SUPER GAL

Un SUPERMARCHÉ? Tu es fou, KiKi! Les humains vont nous repérer immédiatement!
SUPER GALACTUS
Hé! Hé! Pas aujourd'hui.

Personne ne sera surpris de notre présence, Aliène.
animatio

Regarde! Tous les humains vont croire que nous faisons partie de leur fête folklorique.
Semaine GALACTIQUE
Des prix! Des cadeaux!
Des animations!
Tu crois?

Oh! là, là! C'est de la folie. Je n'ai aucune idée de ce qu'il faut faire dans ce bâtiment.
Commençons par prendre un CHAR DE COURSE.
CADDY

Tu as vu! Il est enchaîné.
Oui, c'est la première épreuve. Regarde, on va faire comme les Terriens. Il nous faut une pièce.

Je choisis face...
PILE!
C'est toi qui t'y colles!
PFF
CADDY

Heureusement que j'ai de bonnes dents!
PTOU!
Dépêche-toi. La COURSE va commencer.

Allez, Kiki ! On fonce. Il me faut ce sel au plus vite !
Attends ! Il faut respecter les règles. Regarde ces Terriens.
La Semaine Galactique

Ils ont une liste d'objets à collecter. Ils doivent les trouver et les mettre dans les chars de course.
pain lait oeufs

Et comment on sait qui a gagné ?
Regarde ! Il y a des arbitres à l'arrière. Ils valident la fin de la course avec leur pistolet-laser.

Et... on gagne quoi ? Une médaille ?
Bien mieux !

Le droit d'emporter le contenu du char.
Pas un instant à perdre. Je fais la liste.

J'ai un mauvais pressentiment. On va se faire repérer.
Mais non, tout va bien se...

... passer.
OOH ! Regardez !
Ça alors !

Hi! Hi! Un canard!
C'est DINGUE!
Il est adorable!
OUF!
COIN!
Je suis presque vexé...
9e
1€

Bon. Il faut camoufler Attila.
J'ai une idée...
BOUÉES
CANOTS

Et voilà!
Ne bouge pas!
GRAND CONCOURS COSMIQUE
GAGNEZ

Bon... fais voir ta liste de course.
GRAND CONCOURS COSMIQUE
GAGNEZ LE REMBOURSEMENT DE VOS COURSES chaque heure!

OK.
Sel
Sel
Sel
Sel
Sel
Sel
Sel
Sel
Il m'en faut 80 kilos.

On y est, Aliène.
SEL
AH!
« Sel de mer »... parfait.

Kiki. Il y a un problème avec ce char de course.
Zut!

15 min plus tard
Heureusement qu'on avait ce canot.
PFF ! On a à peine 25 kilos. Ça risque d'être juste pour mon bain.
15€

Allez : on va faire valider notre course par l'arbitre.
Vite !
18
17
16

Je suis sûr qu'on va gagner.
Pourvu que ça se passe bien !
16
17
COIN !

Alors... un canot, 12,50 euros... et... c'est quoi, ça ?
12,50 euros ? Quoi ?
Du sel.
17
BIP

Ici la caisse 17... Envoyez quelqu'un de la sécurité, j'ai des clients un peu... euh... bizarres !
PAYER pour GAGNER ? Vous appelez ça du SPORT ?
Du calme, Alièné !

ATTENTION ! C'EST L'HEURE de notre TIRAGE au SORT pour un CADDIE GRATUIT ! Et le gagnant est le client de la caisse numéro...
18
17
16
?
?

...16 !
OUAiis ! C'est nous !
Zut.
16
Si j'avais su, j'aurais pris plus que cette boîte de raviolis.

Hé !
Profitons-en pour filer !
Ne renverse pas mon sel !
C'est le plus beau jour de ma vie.

OUF !
Chérie ! Une place se libère !

Une heure plus tard.
Bon. Enfin, tu as ton bain de sel !
Juste à temps !

Sans cela, tu serais tombé gravement malade, mon pauvre.
Euh... Pas exactement...

À vrai dire, ce bain de sel me permet de conserver ma peau rêche, sèche et écailleuse à souhait.

FIN

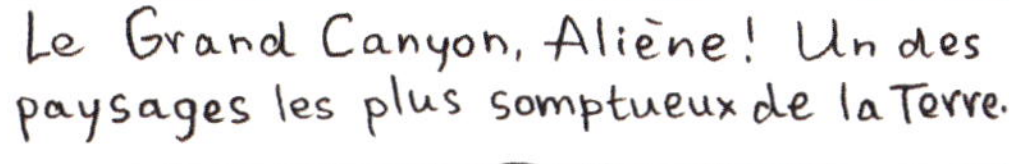
Trop beau !

Le Grand Canyon, Aliène ! Un des paysages les plus somptueux de la Terre.
Hum...

Magnifique, en effet ! Cela réveille mon âme d'artiste. Va me chercher mes couleurs, Kiki...
?

Voilà ! Tu vas le peindre ?
Exactement !

Voyons... il me faut du bleu, beaucoup, beaucoup de bleu...
Tu es sûr de toi ?

Quelques heures plus tard.
Et voilà ! C'est fini. Qu'en dis-tu ?
Ah...

... tu avais raison. C'est bien mieux comme ça.

Comme sur des roulettes

Alors ? Ça démarre bientôt ?
Un peu de patience, Aliène !

Kiki... Tu es certain que ce moyen de transport terrien est en état de marche ?

Évidemment ! Tu as bien vu les petites roues, non ?
Hmpf...

Tous les Terriens en ont un. Il suffit de se mettre dedans et d'attendre...
Des heures, oui !

BROOOMMM
Tiens ! Tu entends ce bruit ?
?

BRÔÔÔ
... c'est sûrement le moteur qui se met en marche !

Un grand choc

Allô ? Professeur Fortish ? Vous ne croyez toujours pas aux extraterrestres ? Alors, regardez au-dessus de vous !
Quoi ? C'est une plaisanterie ?

HA ! HA !
Tu as vu sa tête !

Alors ? Convaincu ?
Vous voulez des biscuits ?

C'est incroyable ! Inimaginable ! Vous existez donc !
Tu l'as dit !
Un jus d'orange ?

Je vais revoir toutes mes recherches ! Écrire un nouveau livre !
Et on va toucher la prime de 100 000 dollars pour avoir apporté la preuve de l'existence d'extraterrestres ?

C'est promis !
Attention ! Notre rayon est éteint !

Ça va, monsieur ?
Je l'ai trouvé là, inconscient. Il a dû tomber de vélo.
Aïe, ma tête... Je ne me souviens de rien...
ARF ARF

Les dents de la brosse

Qu'est-ce que tu fais avec ce machin dans la bouche, Kiki ?
Frotch
Frotch
Frotch

Che me broche les dents, Alième.
Ch'est une tradichion terrienne.
Frotch
Frotch

Ils font cha tous les choirs avant de che coucher.
SPLOUF
Ils croient que ça porte bonheur.

Amusant. Comment on fait ?
Facile ! Tu brosses chaque dent de droite à gauche et de haut en bas.

Deux heures plus tard
ALIÈNE ! Tu viens te coucher ?
Attends.

Je commence tout juste les dents du bas.
frotch frotch
Ce truc n'est pas fait pour toi.

Encore raté !

Allô, professeur Fortish, de la NASA ? Vous avez reçu mes nouvelles photos ?
Ah ! Vous êtes monsieur Kiki ?

Oui, j'ai bien reçu vos photos. Mais je ne comprends pas pourquoi vous me les avez envoyées...

Pourquoi ? Mais pour avoir la prime de 100 000 dollars que vous avez promise...

...à la première photo montrant l'intérieur d'une soucoupe volante !
Demande 200 000 !

AH ! AH ! AH ! Vous êtes un rigolo ! L'intérieur d'une soucoupe volante, ce bric-à-brac !!
??
TOP SECRET

Je t'avais dit de ranger tes souvenirs avant de prendre ces photos !!

Triste histoire !

Kiki ! Qu'est-ce que tu as encore?
C'est ce livre. Une histoire épouvantable!
SNIF
Ah bon?
Oui! C'est un roman qui raconte l'invasion de la Terre...
SNIF
H.G. Wells
La guerre des mondes
... par des extraterrestres cruels et terrifiants.
Ils détruisent tout... Ils massacrent les humains...
Et ça se termine comment, ton bouquin?
Heureusement, les humains sont sauvés. Tous les extraterrestres meurent de maladie!
BEUHAAA!! C'est trop triste!

Opération propreté

Kiki, il fait froid et humide. Je déteste cette planète.
VERRE
PLASTIQUE

Allons, Aliène ! C'est l'automne. « Une féerie de couleurs chatoyantes », dit le guide.
PFFF !

C'est bien joli, mais je vais mettre le chauffa...
STOP !

J'ai une autre solution. Une amusante tradition terrienne...
!!
COIN !

Encore un truc bizarre...
Pas du tout. C'est très simple, cela s'appelle...

Les VÊTEMENTS !
VERRE
DÉPOSEZ ICI VÊTEMENTS USAGÉS

Regarde. Je suis certain qu'on va trouver là-dedans de quoi se réchauffer pour la saison aux couleurs chatoyantes.

Mouais...
VERRE
PLASTIQUE
DÉPOSEZ ICI VÊTEMENTS USAGÉS

Je suis impatient de les essayer, ces vêtements!
Vite. Je me gèle!

Et voilà.
PFF! Ils sentent bizarre...

Oh! Oui. Et c'est pour cela que les Terriens ont un système de purification très perfectionné.
?

Ils appellent cela « la grande lessive ». Tu vas voir.

Je m'attends au pire, Kiki.
Aie confiance.
COIN!
LAVE-O-MATIC
OUVERT 7j/7
LAVAGE

Bonsoir, ami Terrien ! Nous venons purifier nos...
AAAH !
COIN !

Eh ! Revenez !
OUVERT 7j/7
LAVAGE
C'est la dernière fois que je touche à l'alcool !

Je te l'ai déjà dit : on fait peur aux Terriens.
TU fais peur aux Terriens ! Heureusement, il a laissé son matériel.

C'est quoi ?
Une poudre qui « donne à votre linge une blancheur éclatante et une bonne odeur de frais ».
Quelle poésie !

Hum. Et ça marche comment ?
Essayons.

On saupoudre avec vigueur.
KOF ! KOF !

KOF! KOF! KOF! C'est insupportable!
Les Terriens ont tout prévu... Venez!

Faites comme moi!
KOF! KOF!

Ces capsules d'isolation sont conçues pour nous protéger de la poussière pendant la purification.
Je suis horriblement serré!

Allez! Ça suffit! Assez purifié comme ça!

Voyons si ces habits sont purs.

Tu parles. Il sont encore sales et pleins de poudre.
Et j'ai toujours aussi froid.
Évidemment: il reste la dernière étape, le "séchage".
13
16

Bon, j'y vais ! Qu'on en finisse...

AAAAH !
OOOH !!!

PITIÉÉÉ !

Alors ? C'est encore sale ?
Je ne sais pas. Je veux juste rentrer !

Vite. Je gèle !
Oui... je veux parler au professeur Fortish, de la NASA !
LAVAGE

Oui, professeur ! Deux extraterrestres !
Eh bien... ils sortent d'une laverie... ils rentrent du linge dans leur soucoupe.
LAVE-O-MATIC
LAVAGE

Professeur ? Professeur ?
Il a raccroché.
Allez, Aliène ! Maintenant, on va aller essayer ces vêtements.

Bon. Je vais commencer par ce petit truc mauve.
?
Trop étroit.
Bizarre.
?
Je ne vois rien.
Euh
Ridicule!
Trop large.
Trop grand.
COIN!
Au secours!
STOOP!

Tout cela est simplement RIDICULE et INCONFORTABLE. Je vais mettre le chauff...
ATTENDS! J'ai une idée!

Je dois admettre que, bien sec, ça brûle correctement.
Tu vois que finalement ces vêtements nous tiennent chaud.
FIN

Les fous du volant

Oh, une voiture terrienne abandonnée ! Pose-toi vite, Aliène !
Pour quoi faire ?

On va l'essayer !
Allons bon !

Pff... Elle ne démarre pas, ta voiture, Kiki.
Attends. Je sais pourquoi.

Il faut d'abord faire le « plein d'essence ».
Le quoi ?

Je ne sais pas trop à quoi ça sert, mais dans le guide, ils disent que les Terriens font ça.
glou glou glou
glou

Alors ?
Ça ne marche toujours pas.

Décollage imminent

ALIÈNE ! Viens voir ! J'ai découvert un véhicule terrien GÉNIAL !
mmh ?

Oui ?
Regarde ! Pour le commander, on utilise cette poignée.

Il avance sur ces quatre roues tout-terrain.
Mouais.

Et surtout, il peut voler grâce à son HÉLICE !!
Amusant.

Allez ! Monte ! On l'essaye !
OK ! OK !
CLICK

Ben alors ?
On est peut-être trop lourds ?
URDOOO
GAZON MATIC

Plein la vue

Aliène, regarde ce que j'ai trouvé ! Un DVD !
Un DVD ?

Oui ! C'est une des distractions préférées des humains.
« La Guerre des Étoiles ».
N'importe quoi !

Je vais le regarder dans la soucoupe !
C'est ça, c'est ça.

Une heure plus tard.
Kiki ! Qu'est-ce que tu fais ?
Je regarde le DVD !

Alors ? C'est vraiment bien ?
Pas mal.

Un peu monotone, peut-être.

Cruelle vérité

Bonjour. Je suis le professeur FORTISH, de la NASA.
CONFÉRENCE: LA VÉRITÉ SUR LES OVNI

Voici 23 ans que j'étudie les Objets Volants Non Identifiés...
C'est ici! Pose-toi vite, ça a commencé!

J'ai lu des milliers de dossiers, écouté des centaines de témoins, vu des photos...
Tu le vois?
Tais-toi, idiot, on va se faire repérer.

Mais il y a toujours une explication: nuages, satellites, avions... ou canulars!
C'est pourquoi je peux affirmer avec certitude...

Il n'y a pas et il n'y a jamais eu de visiteurs extraterrestres sur notre planète!
Quel crétin!

Comment peux-tu dire ça?
Moi, je l'ai trouvé très convaincant.
Je pense que nous n'existons pas.

L'ami des bêtes

Aliène! J'ai adopté une petite bête terrienne A-DO-RABLE!!
Et alors?
On peut la garder? Dis! Oh, dis!
PFFF
Je ne suis pas trop pour. Il n'y a pas de place dans la soucoupe...
Elle est minuscule...
Elle va faire du bruit... nous réveiller la nuit...
Elle ne fait aucun bruit!
Elle risque de tout salir... perdre ses poils...
Elle n'a PAS de poils.
Attends... C'est quoi, au juste cet animal?
Les Terriens appellent ça une « limace ».
Beeuark!

Convoi exceptionnel

Bonne nouvelle, Aliène! Nous allons enfin pouvoir nous promener incognito dans une ville terrienne.
Et comment ça?

J'ai récupéré un véhicule terrien...
extra!
Méfiance.
Encore un truc qui ne marche pas.

Si, si! Aucun risque de panne. Et d'ailleurs, c'est toi qui le piloteras.

Et on passera inaperçus?

Tout à fait, à condition de mettre ces tenues spéciales.
Bon.

Pff! J'ai mal aux pieds avec ces chaussures!
Chut! Tu vas tout faire rater!
WARF
WARF

Au feu !

Un engin spatial s'approche de la Terre à 20 000 kilomètres à l'heure.

Lorsqu'il entre dans l'atmosphère...

... le frottement de l'air sur son fuselage produit une chaleur très élevée.

Bientôt, l'avant de l'appareil atteint une température supérieure à 1000 degrés.

Non ! Kiki ! Ne fais pas ça !
Si, Aliène, c'est la seule solution !

Les brochettes vont être cramées !
Il faudra quand même qu'on répare notre four.

Les sauveurs

Éva Bobard, en direct de Port-La-Nausée où le pétrolier "Fleur de lilas" vient de s'échouer. 300 000 tonnes de pétrole se dirigent vers la plage...
TV

Mais quel est cet engin volant ?

Incroyable ! Un OVNI est en train d'aspirer la marée noire !

C'est... c'est merveilleux ! La catastrophe a été évitée ! Grâce à des êtres venus d'ailleurs, des êtres bienveillants !

SPLORTCH !
Heu...

Je t'avais prévenu, Kiki ! D'accord pour ramasser des galets, des coquillages, mais là, 300 000 tonnes de ce truc gluant et noir, c'est NON !
OK, j'ai compris !

COIN!

Douce nuit

24 décembre. Dans la nature couverte d'un épais manteau de neige, tout est calme...
KiKi ! iMPOSSiBLE DE DÉCOLLER !

Notre soucoupe est TROP LOURDE.
Tu crois, Aliène ?

Oui je crois. Et c'est à cause de toutes tes ŒUVRES D'ART TERRiENNES.
Ah bon ?

Il faut nous en débarrasser. Allez, aide-moi ! On va tout balancer dans l'étang, et...
Aliène ! Pitié !
NON !

Jeter de si belles choses ! Impossible...
Tu as une meilleure idée ?

Hum... Peut-être. Il y a cette tradition terrienne dont parle le guide... voyons... Ah, voilà : La DOUCE NUIT de NOËL !
Méfiance...

Nous sommes
le 24 décembre.
Et justement, cette nuit,
les Terriens...

... installent chez eux des ARBRES ÉLECTRIQUES pour attirer le "Père Noël", une mystérieuse créature venue de l'espace pour donner des cadeaux.

Et si cette année, le "Père Noël", c'était nous? Imagine leur surprise et leur bonheur!
J'imagine les ennuis, oui...

Comment va-t-on distribuer ces, hum... cadeaux... sans se faire repérer?
Ah! Ah! J'ai la solution dans ma caisse à vêtements!

Tu es sûr de toi, Kiki? Je ne me sens pas à l'aise avec ce déguisement..
Tout va bien se passer.

Tu vois. Les Terriens aussi se déguisent.
JOUETS
CLIC
LA PHOTO
Ils sont tous fous sur cette planète!

ENFANTS TERRiENS ! Venez chercher vos CADEAUX !

Tiens !
Tiens !
Tiens !

Euh ... un vieux fer à repasser ?
Berk ! Un rat empaillé !
Papa, c'est quoi ?
!!?

Escrocs !
Assassins !
Ils reviennent !
Ils en veulent encore !

Ces Terriens ! Quel enthousiasme ! Quel sens de la fête !
Quels dingues ! Vite, à la soucoupe !

Tu décolles, Aliène ?
OOH !
Oui ! Nous sommes assez légers, maintenant !
BZZZii

C'est limite. On est encore en surcharge...
Très bien, Aliène. Pour nous débarrasser du reste, nous allons chercher une CHEMINÉE!

Cet immeuble est parfait. Je me pose.

Alors... La tradition veut qu'on passe par cet étroit tunnel...
Humpf! Ça va être un problème!

Et si on envoyait Attila?
POUSSEZ-VOUS!

On la remettra en place ensuite.
CRRAC

Alors. Maintenant j'envoie les cadeaux directement dans le nid des Terriens.
On dit: « une chaumière. »

Parfait, Aliène.
Tu les as gâtés!

Je repose la cheminée, proprement.
CRRAC! BLAM!
CRR CRR

Et voilà : opération "Noël" réussie!

Ah! J'imagine la joie dans le regard de ces humains quand ils vont découvrir leurs cadeaux...
C'est ça, oui.

Sandra... qu'est-ce que... qu'est-ce qui s'est passé?
On a été... euh... décambriolés!

Et voilà. On respire enfin dans cette soucoupe !

Il ne reste plus qu'à nettoyer...
C'est un peu vide, quand même.

Où vas-tu, Kiki ?
Je sors. J'ai une idée ! J'en ai pour cinq minutes.

Une heure plus tard.
Aliène ! Aide-moi.

Après tout, il n'y a pas de raison pour que nous ne profitions pas de cette belle tradition terrienne, nous aussi.
FIN

Rencontre au sommet

Ici Éva Bobard, en direct de Paris. Un mystérieux engin s'est posé sur les Champs-Élysées il y a 20 minutes.

Le président de la République vient d'arriver !

Il s'approche de l'engin ! Le moment est historique. Premier contact avec des extraterr...

Mais... un motocycliste le double... Que se passe-t-il ?
VROUP POUT POUT

Et voilà. Une pizza chorizo et une "4 saisons".
C'est ça. Gardez la monnaie.

27 minutes d'attente ! Évidemment, elles sont froides !
La mienne est délichieuse, Aliène !
VROOO

Question de goût

Alors, monsieur Pouzet. Vous prétendez que des extra-terrestres vous ont enlevé ?
C'est la vérité, professeur Fortish !
PIZZA

Un rayon lumineux m'a aspiré dans leur soucoupe...

Ils étaient deux. Le petit, plutôt amical. Mais le grand... Oh ! Quelle horreur !!
Hon. Hon.

Et... qu'est-ce qu'ils vous ont fait ? Des expériences médicales ? Des révélations sur l'Univers ?
Heu... pas vraiment. En fait, ils m'ont juste...

... demandé de goûter de la sauce tomate...
horriblement salée.
N'importe quoi ! Vous êtes un rigolo ! Sortez de mon bureau !

Tu vois, Aliène, le Terrien était d'accord avec moi : tu as mis trop de sel.
Pff ! Ce type n'y connaît rien. Essayons avec celui-là.

Ultimes frontières

Ici Éva Bobard, en direct du Centre de Recherches Spatiales...
ODYSSÉE
TV

Voici la carte du trajet parcouru en 32 mois par la sonde Odyssée. Destination : La planète Uranus.
32 MOIS

La sonde va nous envoyer dans quelques secondes les premières images de cette planète...
ANTENNE
CAMERA
SONDE ODYSSÉE

Et voilà !... Mais... heu... il doit y avoir une erreur...

La mission est un échec. C'est une catastrophe ! Des années de travail pour rien !

Il en a de la chance, ce petit robot terrien : sans nous, il restait perdu à des millions de kilomètres de sa planète.

Bon pied bon oeil

Alors... versez une dose de café par personne.
Qu'est-ce que tu fabriques encore ?
Du « CAFÉ ». Une recette terrienne. Il paraît que ça aide à rester éveillé.
Vraiment ?
Versez l'eau. Allumez.
Il n'y a plus qu'à attendre.
Ça va être long ?
CLIC
glou
glou
glou
glou
Et voilà ! Tout chaud !
ZZZZ
Alors ? Tu vois que ça réveille !

Un très long voyage

Qu'est-ce que tu fais avec ces machins, Kiki ?
Je tricote, Aliène.

C'est une technologie terrienne. Avec ces deux antennes métalliques, on entortille des sortes de poils d'un animal nommé "mouton".
Dégoûtant !

Quel intérêt ?
On peut fabriquer des trucs pour avoir chaud. Là, je fais un "bonnet".

C'est encombrant.
Il est terminé. On va l'essayer.

Alors ? Tu trouves qu'il fait plus chaud, Aliène ?
Dégage ce machin des hublots, imbécile !

La merveille de la galaxie

Aliène ! J'ai repéré un endroit extraordinaire ! Unique dans la galaxie !
Vraiment ?
bip
bip
bip
Je t'y emmène. C'est à 8000 km seulement.
Comme tu veux.
bip
bip
bip
C'est ça, ton site magnifique ? Des tas de cailloux ?
Mais non ! Patience, on se rapproche.
C'est cette ville ? Sur ma planète, on appelle ça un village !
On arrive bientôt !
Et voilà ! Ça valait le déplacement, non ?
Incroyable, Kiki ! Quelle beauté !
MacBobard
MAXI PRIFOU
SUPER SOLDES
PRIX KC
GÉANT CASIMODO
MEGA MOCHE
MAXI BAZAR

Le roi de la déco

Notre vieille soucoupe a la carrosserie tout écaillée.

Il est temps de rafraîchir tout ça !

Un bon coup de peinture, et...
STOP!

Aliène, les Terriens ont inventé un truc bien plus joli que la peinture !
Allons bon.

Ils appellent ça du "papier peint".
Mouais.
colle

Le message

AAAH! Les extraterrestres! Ils m'enlèvent à nouveau!

Rassurez-vous, M. Pouzet. Nous venons en paix.
C'était son idée.

Notre science peut sauver l'humanité. Voici un message à transmettre à vos frères.

N'oubliez pas: le destin du monde est entre vos mains!

« Mangez des fruits et légumes. Brossez-vous les dents trois fois par jour. »
Quelle joie d'aider ces pauvres Terriens.